Comunicare

è

vivere

di

Andrea Mascellani

ISBN: 978-1-326-73856-3

Prima edizione 2012

Seconda edizione 2016

Ai miei figli,

nei quali posi la mia fede:

mai ebbi una guida migliore

Indice

Premessa

Mi hanno insegnato che a partir bene si è a metà dell'opera. Condivido. E per questo premetto che ciò che segue è il frutto della mia esperienza personale. Non si può dir se sia frutto di difficile comprensione o di un albero deviato da rari percorsi di crescita, ma io ve lo porto e voi fatene ciò che più ritenete utile alla vostra esistenza. E' semplicemente quanto ho colto nella mia vita, nei vari corsi e nelle varie letture fatte in materia di comunicazione. Il massimo autore ritengo essere Paul Watzlawick e di lui cito, poiché credo possa essere considerato il riferimento per chi vuole approfondire il tema, "Pragmatica della comunicazione umana", di cui ne consiglio la lettura e dal quale ho tratto una gran quantità di concetti di seguito espressi.

Vedremo nel corso di questo saggio breve l'importanza della comunicazione. Ogni comportamento comunica un messaggio al ricevente; esso trasporta un aspetto di contenuto ed uno di relazione tra le parti; l'insieme dei messaggi viene definito interazione e contribuisce a stabilire le regole della relazione; l'insieme delle relazioni, a loro volta, contribuisce a definire la relazione tra l'individuo e l'ambiente, il mondo che lo circonda: è qui che viene definita la visione del mondo dell'individuo, lo scopo della sua esistenza, del mondo ed essa non può essere valutata oggettivamente, quindi non può essere definita vera o non vera. Sarebbe teoricamente possibile, ma umanamente utopico, salire di un ulteriore livello e dare valutazione oggettiva a questa visione, ponendo l'insieme delle visioni del mondo come "realtà vera", realtà oggettiva.

Comunicare meglio è vivere meglio

Abraham Maslow classificò i bisogni dell'uomo secondo livelli gerarchici, partendo dai più elementari, necessari alla sopravvivenza, e arrivando ai più complessi, di carattere sociale: l'uomo si realizza attraverso questi differenti stadi e ai bisogni primari, più psico-fisici che puramente psicologici, corrispondono comportamenti più istintivi di autoconservazione. Concentrandoci sulla sfera psicologica, possiamo riassumere in due punti le cose fondamentali alla sopravvivenza di quell'animale sociale che chiamiamo uomo: la propria idea di sé, dello scopo della vita, dell'esistenza e la propria appartenenza al gruppo, il proprio rapporto con gli altri. Siccome il primo aspetto è dettato dalla relazione con la vita, col mondo, col fato, con Dio, etc. esattamente come nel secondo si parla della relazione col prossimo, ecco che l'espressione della relazione è fondamentale all'uomo. E siccome essa si trasmette attraverso la comunicazione, viene da sé che comunicare è necessario alla sopravvivenza ma, andando oltre, che comunicare meglio, comunicare in maniera più utile, consente di vivere meglio.

L'uomo per capire se stesso ha bisogno di essere capito dall'altro. E per essere capito dall'altro, deve capire l'altro. Utilizzare una comunicazione efficace, vuol dire perseguire questo scopo, vuol dire rispettare quelle regole che vengono normalmente violate in una comunicazione disturbata. L'uomo isolato non avrebbe patologie ma questa situazione non esiste: ogni uomo è parte della società e si mette in relazione con gli altri, partecipando ad una comunicazione "normale" o disturbata, contribuendo, in quest'ultimo caso, all'insorgere di patologie. *Conosci te stesso* esortava Socrate; ecco come: tramite una comunicazione pragmatica con gli altri; questo ci consente di relazionarci meglio con loro ma ci consente di relazionarci meglio anche con la propria vita.

Mente umana e "sanità mentale"

Funzionamento della mente umana

Per capire meglio come comunicare pragmaticamente, è necessario capire meglio come funziona la mente umana. La nostra mente è estremamente complessa ma possiamo semplificarla come segue: esiste una parte più istintiva, emotiva, atta a ricevere le informazioni dai nostri sensi; vi è poi una parte più razionale, dedicata al ragionamento. Tipicamente la parte emotiva è la prima che entra in gioco e le persone più impulsive danno principalmente seguito al risultato di questa elaborazione (sono le persone che hanno sempre una risposta pronta, una decisione definitiva, che tendono a vedere tutto "o bianco o nero", etc.); chi è più logico, più razionale, tende a far prevalere l'altra parte del suo cervello, che riceve le informazioni dalla parte istintiva e le rielabora dentro ragionamenti più o meno complessi (sono le persone riflessive, quelli che "vedono le sfumature di grigio", che spesso tardano nell'azione e si perdono in ragionamenti e ragionamenti su ragionamenti). L'efficacia della comunicazione si ottiene andando a toccare la parte emotiva. In particolare, l'immagine della realtà può essere sovvertita solo da una comunicazione che utilizzi l'evocazione, l'emozione, i giochi di parole, i motti di spirito, cioè parlando ai nostri sensi. Questa parte del cervello che coglie la totalità dei contesti, legata al mondo dei sensi, delle sensazioni, delle immagini, domina sull'altra nel contribuire all'immagine del mondo che il soggetto fa sua. Questa, quindi, non può essere mutata con la logica, bensì il cambiamento può avvenire solo coinvolgendo i sensi.

Follia e sanità mentale

Quando parliamo della mente umana si è abituati a distinguere tra soggetti "mentalmente sani" e folli. Da sempre si è andato definendo un concetto di "normalità", una norma che si riteneva la verità ultima, definitiva, tanto definitiva che il metterla in dubbio era di per sé sintomo di follia. Ma la visione del mondo di ciascuno è e rimane sempre un costrutto della propria mente e non si può dimostrare che abbia nessun'altra esistenza. La realtà di cui noi parliamo non è mai una realtà aprioristica, ma una realtà conosciuta e creata da noi. Il significato attribuito ad un insieme di circostanze all'interno di una determinata cornice di assunzioni, ideologie o convinzioni, costruisce una realtà in se stessa. Quindi, se si accetta che la normalità mentale non può essere definita oggettivamente, anche il concetto di follia, di malattia mentale risulta altrettanto indefinibile. Non esiste una definizione di normalità definitiva e universalmente accettata, quindi la salute emotiva o mentale di un individuo è una convinzione soggettiva, non scientifica piuttosto filosofica, metafisica, conformistica e tendente al mistico. Spesso le persone sono additate di un comportamento "malato" in un determinato contesto ma è nel contesto stesso che si proclama una "normalità" (e quindi il suo opposto) in maniera del tutto soggettiva: il comportamento che progressivamente assumono i partecipanti è in reazione allo stesso e può diventare patologico se il contesto di comunicazione diventa assurdo e insostenibile. Possiamo definire la "normalità" come il prodotto dell'ipocrisia sociale in una società che si fonda sulla ghettizzazione delle differenze. Il risultato è la confinazione dei cosiddetti "folli": liberati dalle mura e dai letti di contenzione, rimangono comunque imprigionati da un muro invisibile costituito dall'indifferenza e dallo stigma sociale.

Realtà di primo e di second'ordine

Non è oggettivamente dimostrabile una normalità né una follia, ma si possono porre delle valutazioni sull'interpretazione soggettiva della realtà che facciamo, interpretazione che può essere più o meno utile. Esiste una distinzione tra due livelli di percezione della realtà che generalmente non vengono distinti l'uno dall'altro. Dobbiamo distinguere tra l'immagine della realtà che percepiamo attraverso i nostri sensi e il significato che attribuiamo a queste percezioni. Per esempio, una persona neurologicamente sana può vedere e misurare la quantità d'acqua in un bicchiere. Questa realtà viene definita del primo ordine ma raramente ci si ferma a questo punto. Tipicamente attribuiamo un senso, un significato e un valore agli oggetti della nostra percezione. Ed è a questo livello, il livello della realtà di secondo ordine, che sorgono le differenze e, quindi, possono sorgere i problemi. È qui che un ottimista considererà il bicchiere mezzo pieno e un pessimista mezzo vuoto: la realtà di primo ordine è inequivocabilmente la stessa per entrambi ma sono diverse le loro realtà di secondo ordine e sarebbe totalmente inutile cercare di stabilire chi ha ragione e chi ha torto. Scientificamente è definibile la realtà di prim'ordine ma, andando sulla realtà di second'ordine, ci troviamo in un universo di semplici supposizioni, convinzioni e credenze che sono costruzioni della nostra mente. I processi attraverso i quali costruiamo le nostre realtà personali, sociali e ideologiche, e arriviamo poi a considerarle oggettivamente reali, fanno parte di questa realtà. Non possiamo, dunque, definire oggettivamente una "realtà vera" ma possiamo sapere cosa non è: quando le nostre costruzioni della realtà falliscono, e solo in questo caso, ci accorgiamo che la realtà non è come pensavamo che fosse. Come direbbe Karl Popper, l'universalità della nostra visione è qualcosa aprioristico che noi proiettiamo sulla realtà; essa è dedotta dai nostri schemi mentali e veicolata inconsciamente sui dati reali e non potremo mai ottenere conferme della teoria ipotizzata, ma solo smentite. Sono questi insuccessi, questi fallimenti con cui ci scontriamo che ci assalgono quando ci scopriamo in un mondo che, gradualmente o improvvisamente, è divenuto privo di significato. Se accettiamo l'impossibilità di definire oggettivamente la realtà, ecco che la "guarigione" mentale diventa l'arte di sostituire una costruzione di una realtà che non è più adatta con un'altra che si adatta meglio. Questa nuova costruzione è fittizia come la precedente, ma ci permette la comoda illusione, chiamata "salute mentale", di vedere le cose meglio e di essere, quindi, in sintonia con il significato della vita.

Epitteto diceva che *non sono le cose in sé che ci preoccupano, ma le opinioni che abbiamo di quelle cose.* Come abbiamo visto, quindi, la ristrutturazione della visione del mondo non si deve illudere di far vedere il mondo come realmente è, piuttosto di proporre un'altra costruzione, più utile e meno dolorosa, consapevoli che la nuova visione del mondo è, e non può che essere, un'altra costruzione, un'altra finzione. Non esiste realtà oggettiva, ciascuno vive la propria immagine della realtà. La realtà oggettiva non può essere colta, poiché divenire consapevoli di chi siamo "realmente" richiederebbe uscire fuori da noi stessi per guardarci oggettivamente, cosa non possibile all'essere umano. Ciascuno si crea il proprio "reale": l'immagine del mondo è la sintesi delle miriadi di esperienze, influenze e di ciò che da esse ne deriva ossia interpretazioni, convinzioni, attribuzioni di senso e di valore agli oggetti delle nostre percezioni. L'immagine del mondo è il risultato della comunicazione ed essa può quindi essere cambiata solo tramite la comunicazione.

La comunicazione e i suoi componenti

Lo studio della comunicazione umana può essere suddiviso in tre sottosettori: la sintassi (i problemi legati alla codifica e decodifica dell'informazione), la semantica (il significato della comunicazione per i comunicanti) e la pragmatica (gli effetti della comunicazione per i comunicanti, gli effetti sul comportamento). Noi ci concentreremo su quest'ultima, ci concentreremo sul risultato ma per fare ciò dobbiamo prima comprendere di cosa si compone la comunicazione, comprenderne gli assiomi e le varie patologie per poi poter definire delle regole per una comunicazione non disturbata.

Verbale, para-verbale, non-verbale e problemi di codifica

Partiamo subito dal smontare il pensiero che comunicare si limiti alla trasmissione di quell'insieme di parole di un determinato linguaggio che, unite in un determinato ordine, passano un concetto, un'idea. Vi sono studi che limitano questo aspetto al 7% del contenuto: l'insieme delle parole, la comunicazione verbale (o numerica o digitale) è solo una parte dell'informazione che viene trasmessa, nella maggior parte dei casi, forse in tutti se escludiamo contesti strettamente tecnico-professionali, la meno significativa. Il contenuto è arricchito dalla comunicazione analogica, ossia:

1. (laddove vi sia il contatto fisico/visivo) dalla componente non verbale (circa il 60%), cioè da movimenti del corpo, postura (se ben diritti è sintomo di attenzione verso l'interlocutore, chinati in avanti indica insicurezza, all'indietro supponenza), espressioni del viso, gesti, distanza (oltre l'estensione del braccio è sociale/pubblica, per gli sconosciuti; tra i 40cm e i 120cm è personale, per conoscenti/colleghi; entro i 40cm, solo per affetti stretti; ma questi dati sono soggetti a differenziazioni a seconda della cultura), etc.;

2. (nell'esposizione orale) dalla componente para-verbale (circa il 33%), cioè da ritmo, pause, risate, sospiri, inflessione della voce, tono, volume, etc..

Insomma, è arricchito da tutti quegli elementi percepibili dall'interlocutore che, per questo stesso fatto, trasmettono informazioni aggiuntive (per questo le trascrizioni di scambi verbali perdono gran parte del loro significato), spesso più dirette e ritenute più veritiere poiché meno soggette a possibili menzogne come il linguaggio. Parliamo di bugie, ma non bisogna escludere le ambiguità, sempre determinanti, inevitabili e significative per via della codifica che il trasmettitore fa in linguaggio e la decodifica che farà il ricevitore. A seconda del mezzo di telecomunicazione utilizzato, poi, alcuni aspetti non esistono oppure vengono introdotti ulteriori perdite e distorsioni. Possiamo pensare che (numeri puramente esemplificativi) chi parla pensi 100 e dica 70; chi riceve, raccolga 40, capisca 20 e ricordi 10. È per questo che alcuni mezzi di comunicazione (email, sms, telefonate, etc.) sono meno efficaci, è per questo che non dobbiamo limitarci all'intenzione (il 100) che abbiamo in mente ma concentrarci sull'effetto (il 10) che produciamo, dobbiamo focalizzarci sul risultato, sul significato che il ricevente recepisce dal nostro messaggio.

Contenuto, relazioni e metacomunicazione

Una comunicazione non soltanto trasmette informazioni, ma al tempo stesso impone un comportamento. Dentro un messaggio esiste quindi sia una componente di informazione (contenuto del messaggio), sia una componente di comando (relazione tra i comunicanti). L'aspetto di comando non viene quasi mai negoziato apertamente. Anzi, quanto più una relazione è spontanea e sana, tanto più l'aspetto relazionale diventa secondario e i comunicanti parleranno del contenuto. In una relazione patologica, invece, il contenuto diventa praticamente irrilevante, lasciando alla definizione della relazione stessa l'unico scopo della comunicazione. Nella comunicazione, è quindi fondamentale la relazione tra le parti perché potrebbe annullare il contenuto: in una relazione malata si può arrivare a litigare su cose palesemente riconosciute, a negare fino all'assurdo. Le relazioni sono dettate in maggioranza dalle reazioni emotive, più dirette, che non dalla logica razionale: esse non sono illogiche, sono una logica diversa e bisogna saperla utilizzare. Nell'uomo ragione e emozione sono spesso in conflitto e tipicamente è l'emozione a dominare. Nelle relazioni affettive, poi, i messaggi emotivi sono ancora più importanti.

In una sequenza comunicativa, ogni scambio di messaggi restringe il numero delle possibili mosse successive: quando questo scambio ha raggiunto una stabilità, emerge la regola della relazione. I sistemi caratterizzati dalla stabilità sono quelli in cui le relazioni in corso sono importanti per entrambe le parti e di lunga durata. Quando vi sono queste condizioni, si ha l'occasione e la necessità di ripetere le sequenze di comunicazione in altri contesti stabili e le ridondanze di questi sistemi sono molto più significative di quelle che potremmo trovare in altre relazioni. È un comportamento assimilabile a quello dei *neuroni specchio* del cervello, così definiti perché tendono a farci replicare gesti e movenze degli interlocutori con i quali ci interfacciamo spesso. Esiste poi un fenomeno particolare nelle relazioni familiari che viene definito *omeostasi familiare*: si tratta di una resistenza al cambiamento, in modo da permettere alla famiglia di mantenere un equilibrio, anche se precario. Questi meccanismi sono così efficaci che, in ogni caso, lavorano per mantenere lo status quo, anche quando questo è patologico e il cambiamento porterebbe giovamento.

Ma per capire meglio la componente di relazione, dobbiamo introdurre il concetto di metacomunicazione. Quando i matematici smettono di usare la matematica come strumento di computo, e la usano come oggetto del loro studio, necessariamente adottano un linguaggio che è sulla matematica: tale linguaggio è stato chiamato metamatematico. Allo stesso modo, quando noi parliamo sulla comunicazione, quando usiamo un linguaggio che ha come oggetto le ridondanze pragmatiche della interazione comunicativa, allora stiamo metacomunicando: comunichiamo sulla comunicazione. Nel mondo della comunicazione umana, quindi, possiamo identificare l'aspetto di notizia del messaggio come comunicazione, e l'aspetto di comando come metacomunicazione. Ogni comunicazione ha un aspetto di contenuto e un aspetto di relazione, di modo che il secondo classifica il primo ed è quindi metacomunicazione.

Proprietà della comunicazione

La comunicazione è un sistema interattivo costituito da due o più comunicanti impegnati nel processo di definire la natura della loro relazione. L'ambiente è definito come tutti gli oggetti che possono modificare il sistema e venire modificati dal sistema in un processo ricorsivo di interazione. E un sistema che si caratterizza per:

1. **Totalità**: ogni parte è in rapporto con il tutto, ogni modifica al sistema influisce sulla parte; è un sistema aperto non definibile come la somma dei singoli individui, ma più complesso, dove ogni modifica ad un elemento modifica l'intero sistema e dove il totale non è deducibile dalla somma delle parti e ogni parte non può essere considerata isolatamente.

2. **Retroazione**: messa al centro dell'attenzione l'informazione, entra in gioco il concetto di *feedback*, ovvero di retroazione, di ritorno verso l'emittente di un pacchetto di informazioni relativo allo stato del ricevente dopo che ha ascoltato il messaggio dell'emittente. In questo modo il sistema è in grado di regolarsi da solo e di adattarsi al cambiamento. La retroazione può essere positiva o negativa: nel primo caso, essa causerà cambiamento, nel secondo caso, essa aiuterà il mantenimento dello status quo. I sistemi a retroazione posseggono un grado di complessità più elevato di altri sistemi non retroattivi, ed è impossibile isolare una variabile e studiarla isolatamente, poiché il sistema risulterebbe deformato in modo tale da non essere più lo stesso sistema.

3. **Equifinalità**: i risultati a livello di sistema non sono predicibili conoscendo semplicemente le condizioni iniziali del sistema; sono i parametri del sistema a giocare un ruolo fondamentale nel definire lo stato di equilibrio dello stesso, e non tanto le condizioni iniziali. Per questo motivo, non soltanto dalle stesse

condizioni iniziali possiamo ottenere risultati diversi, ma anche da condizioni iniziali differenti possiamo ottenere risultati identici. L'organizzazione in corso del processo interattivo è molto più importante degli elementi specifici costituiti dalla genesi e dal risultato: il sistema è allora la migliore spiegazione di se stesso, e lo studio della sua organizzazione attuale è la metodologia più appropriata.

4. **Ridondanza**: il termine si riferisce alla ripetizione negli schemi comportamentali che osserviamo durante l'interazione. Il sistema umano di interazione non riparte ogni volta da zero, ma mantiene le conquiste acquisite anche quando deve cercare altri equilibri.

Inferenze sulla comunicazione

Definite le proprietà della comunicazione, a partire da queste è possibile formulare delle inferenze. Esse saranno alla base dell'analisi delle patologie della comunicazione.

Impossibilità di non comunicare e circolarità. Il comportamento non ha un suo opposto, non possiamo non comportarci. Se concordiamo nel definire come messaggio l'intero comportamento di una situazione di interazione, ne consegue che è impossibile non comunicare, non possiamo sottrarci alla comunicazione. Un'unità di comunicazione (comportamento compreso) è chiamata messaggio, una serie di messaggi scambiati fra persone è una interazione. La comunicazione è un modello circolare nel quale gli attori coinvolti non possono non comunicare, non si può non dare un messaggio; come nel cerchio, quindi, il punto di partenza è irrilevante e il risultato non è determinato dall'input iniziale ma dal processo stesso. Si crea una serie ove ognuno interpreta la stessa dalla propria prospettiva e tende a non romperla. In sistemi con circuiti di retroazione non esiste né un principio né una fine. Premessa la comunicazione come un sistema circolare, ciascuno non "comunica e basta" ma "partecipa alla comunicazione" e ogni attore comunica con l'altro e reagisce alla comunicazione dell'altro (anche in funzione delle aspettative). Vien da sé che non esistendo principio né fine, il sistema deve essere analizzato in quanto tale, non potendo dare significati lineari di causa-effetto: per spiegarlo con una domanda esemplificativa, *è patologica la comunicazione di una data famiglia perché uno dei suoi membri è psicotico, o uno dei suoi membri è psicotico perché la comunicazione è patologica? (Paul Watzlawick)* Aiuta a comprendere anche l'esempio del topo di laboratorio che disse: "ho addestrato il mio sperimentatore: ogni volta che premo la leva mi dà da mangiare".

Comunicazione numerica ed analogica. Abbiamo visto come nella comunicazione umana si hanno due possibilità di far riferimento agli oggetti: in modo analogico, attraverso una rappresentazione, o in modo numerico, attraverso un'assegnazione simbolica. Cos'è allora la comunicazione analogica? Praticamente è ogni comunicazione non verbale (maggiormente colta dai nostri sensi, principalmente colta da bambini, folli e animali). Da sottolineare che, se in ogni comunicazione coesistono sia un aspetto di relazione che uno di contenuto, il modulo numerico è quello più adatto a veicolare il contenuto, l'aspetto di notizia, mentre il modulo analogico è quello più idoneo a veicolare la definizione della relazione, l'aspetto di comando della comunicazione. Questo a causa delle limitazioni fisiologiche incontrate dal modulo analogico nella comunicazione di concetti astratti, oppure nell'affrontare connettivi logici come la negazione, o l'esclusione, oppure ancora nella gestione della temporalità (mancando indicatori che consentano di distinguere tra presente, passato e futuro). L'uomo ha quindi la necessità di combinare i due moduli, compiendo continue traduzioni dall'uno all'altro: ecco che parlare sulla relazione è difficile, a causa dello sforzo di traduzione dal modulo analogico a quello numerico necessario a negoziare la relazione stessa. Allora, gli esseri umani comunicano sia con il modulo numerico che con quello analogico. Il linguaggio numerico ha una sintassi logica assai complessa e di estrema efficacia ma manca di una semantica adeguata nel settore della relazione, mentre il linguaggio analogico ha la semantica ma non ha nessuna sintassi adeguata per definire in un modo che non sia ambiguo riguardo la natura delle relazioni.

La mente come scatola nera. La mente umana è una black box: essa non può essere esplorata, e, anche potendo, non sarebbe necessario. Troppo spesso alcuni rami della psicologia e della psichiatria, totalmente autoreferenziali, ci hanno spinto a sopravvalutare l'introspezione, la ricerca di cause comportamentali nell'Io o nella memoria storica. Ma com'è possibile analizzare un sistema dall'interno del sistema stesso? Ecco che possiamo interpretare il comportamento umano esclusivamente grazie all'osservazione dei suoi effetti pragmatici, lasciando da parte ogni ipotesi intrapsichica (fondamentalmente indimostrabile).

L'indicidibilità della consapevolezza. La consapevolezza (stabilire se un comportamento sia consapevole, inconsapevole, volontario, involontario, ...) sarebbe importante ma è indicibile: chi conosce la verità è solo colui che la deve comunicare. Non ha importanza sapere se il comportamento di un emittente è intenzionale o meno e, quindi, se l'emittente è consapevole o meno di aver emesso un messaggio.

L'intenzionalità è indifferente poiché in ogni caso sarà il ricevente ad interpretare il messaggio, sarà quindi quest'ultimo a decidere come farlo.

La trascurabilità del passato. Il metodo pragmatico ha l'obiettivo di determinare, rilevare e possibilmente risolvere problemi comunicativi attuali. Non si ricercano significati simbolici, né cause nel passato o motivazioni, ma modelli per capire attualmente quello che sta succedendo nell'interazione, poiché la struttura di questa interazione è in grado di rivelarci tutto quello che può servire ad evidenziare le patologie comunicative. Il passato senza dubbio ha un ruolo in relazione al comportamento attuale ma è fallace e soggettivo rievocare eventi, l'analisi del passato è inattendibile: se una persona parla ad un'altra del proprio passato, questa comunicazione sarà distorta dalla memoria, dalla comunicazione stessa, dalla relazione tra i due, dall'interpretazione del ricevente.

Concentrarsi sull'effetto. Si deve sorpassare la limitata visione lineare causa-effetto che spesso imprigiona i nostri ragionamenti logici. Non bisogna chiedersi "perché?", "a causa di cosa?" avviene un determinato comportamento; più utile è chiedersi "a quale scopo?", "con quale fine?". Gli effetti che sintomi e disturbi hanno sul sistema fanno assumere a questi il ruolo di *regola del gioco* (inteso come sequenze di comportamento governate da regole, Teoria dei Giochi).

L'analisi *qui-ed-ora*. Come è possibile dare attendibilità a dati soggetti alle distorsioni della memoria e della comunicazione stessa? Ecco allora come diventano inutili le indagine nel passato o nella volontarietà, l'analisi delle cause o della mente: dobbiamo imparare ad osservare l'altro qui ed ora, a porre al centro dall'analisi pragmatica lo scambio di informazioni, gli input-output che il sistema gestisce attraverso la comunicazione. Inutile concentrarsi sulla memoria e sui sensi di colpa: si deve analizzare la sensazione di adesso.

Interazioni simmetriche e complementari. Tutti gli scambi di comunicazione sono classificabili in due sole categorie: simmetrici o complementari, a seconda che siano basati sull'uguaglianza o sulla differenza. Non importa come e perché una interazione nasce in un modo, importa come si comporta qui e ora. Nel primo caso, ciascuno tende a rispecchiare il comportamento dell'altro, minimizzando le differenze. Nel secondo caso, ciascuno tende a completare il comportamento dell'altro, ponendosi l'uno in posizione superiore o primaria (*one-up*) e l'altro in posizione inferiore o secondaria (*one-down*), senza che questi termini significhino buono/cattivo o forte/debole: l'assunzione di una posizione o l'altra potrebbe essere determinata semplicemente da contesti culturali o sociali (es. madre/figlio, medico/paziente, insegnante/allievo). È importante variare le strategie comportamentali per una buona qualità della relazione.

Patologie della comunicazione

Compresa la comunicazione, le sue proprietà e le inferenze che possiamo dedurne, procediamo ad affrontare e comprendere una serie di patologie che son state osservate su casi concreti e che, per induzione, è stato possibile classificare e definire in questo contesto.

Impossibilità di non comunicare e disconferma. Abbiamo visto che non comunicare è impossibile. È tuttavia lecito supporre che si avranno tentativi di farlo. Tentandoci senza metacomunicare, si crea un disaccordo a livello di metacomunicazione, molto più importante di quello a livello di contenuto. Comunicando, si dice all'altro "ecco come ti vedo", in questa relazione, in questa situazione (al quale si controrisponderà con "ecco come vedo che mi vedi", etc. e via in maniera continua); a fronte di questo messaggio, le reazioni possibili sono:

1. la conferma (conferma di sé, che genera fiducia ed è poi il motore dell'umanità) o il rifiuto (che non nega la realtà dell'altro,

può essere costruttivo): si accetta la comunicazione ed inizia l'interazione, confermando o negando il contenuto dell'altro ma comunque riconoscendone la sua realtà, oppure si dice esplicitamente di non voler conversare, tentando di interrompere l'interazione;

2. (cosa peggiore) la disconferma, ossia l'alienazione dell'altro, il messaggio che "tu non esisti", annullando il *feedback* (non conferma né rifiuta, non dice che è bene o male): in pratica si squalifica la comunicazione (cambiando argomento, contraddicendosi, leggendo letteralmente le metafore, fraintendendo l'altro) o si usa un sintomo per non comunicare (ad esempio far finta di dormire o di non sentire l'altro). La disconferma dell'altro è spesso prodotta dal fenomeno dell'impenetrabilità, ovvero dall'incapacità di acquisire consapevolezza delle percezioni interpersonali altrui: ogni parte non si accorge del punto di vista dell'altra, creando una catena patologica di reciproci "non prendersi in considerazione", poiché nessuno considera l'altro come valido emittente.

Profezia che si autodetermina. L'osservatore esterno riesce a considerare una serie di comunicazioni come una sequenza ininterrotta di scambi. Tuttavia chi partecipa all'interazione legge lo scambio e reagisce ad esso secondo la punteggiatura della sequenza di eventi. Spesso i conflitti relazionali sono semplicemente basati su una punteggiatura conflittuale della suddetta sequenza degli scambi. Ogni parlante interpreta lo scambio in modo tale da vedere il proprio comportamento come causato dal comportamento dell'altro, e mai come causa della reazione dell'altro, e viceversa: in breve, ogni parlante accusa l'altro di essere la causa del proprio comportamento. Inoltre entra in gioco un meccanismo di funzionamento del nostro cervello denominato *bias*, una distorsione della valutazione causata dal pregiudizio; in particolare, quello che viene applicato in questo caso è il *bias di conferma*, ossia quell'automatismo di selezionare e porre l'attenzione su quelle informazioni che confermano le nostre convinzioni (e ignorare o sottovalutare quelle che le negano). L'errore che accade è dare le cose per scontato (profezia che si autodetermina): non tutti abbiamo le stesse informazioni di base e, anche ammesso che le avessimo, non le interpreteremmo nello stesso modo; per questo bisognerebbe saper cambiare livello di comunicazione per verifica, ossia metacomunicare, controllare con l'interlocutore che il risultato della comunicazione sia condiviso. Invece spesso si crede di un altro una certa cosa e ci si comporta di conseguenza (senza verifica); l'altro si adatterà al tuo comportamento confermando di fatto la tua profezia. Spesso ci si autoinganna trasferendo le proprie colpe come colpe dell'altro: *accusare gli altri delle proprie disgrazie è conseguenza della nostra ignoranza; accusare se stessi significa cominciare a capire; non accusare né sé, né gli altri, questa è vera saggezza. (Epitteto)*

Distorsioni. Come abbiamo visto, la traduzione di messaggi è soggetta ad una serie di distorsioni, talvolta causati dal canale, talvolta causati dalla traduzione di messaggi dal modulo analogico a quello digitale. Ogni volta che la relazione è il problema dei comunicanti, il modulo numerico è privo di forza, ed in realtà risulta solo strumentale ad una lotta che ha come obiettivo ristabilire una regola, ovvero una definizione condivisa della relazione in crisi. Tra i possibili errori comunicativi da considerare, sottolineiamo le peculiarità della comunicazione analogica: anche questa può essere fraintesa (es.: consegno un regalo per affetto, viene percepito come farsi perdonare di qualcosa) inoltre non ha disgiunzione o negazione (non puoi dire "non ti morderò" con un gesto, l'unico tentativo è quello di arrivare a poterlo fare e fermarsi ma può essere interpretato diversamente).

Escalation simmetrica e disconferma complementare. Partendo dalla considerazione che in una relazione sana sono presenti, alternativamente, sia interazioni simmetriche sia interazioni complementari, e che entrambe indifferentemente concorrono a confermare il sé dei comunicanti, ambedue possono presentare delle patologie. Nella relazione simmetrica, il rischio è che ciascuno vuole essere *più uguale dell'altro* (per dirla alla Orwell), con una competitività che porta ad una escalation di comportamenti: la relazione si basa sull'accettazione del "sé" dell'altro e si rompe poiché lo si nega, con i due comunicanti che non arretrano mai ma tentano di avere sempre "l'ultima parola" (e, quindi, definire la relazione). Nella relazione complementare, invece, il rischio maggiore è dato dalla disconferma: si assiste quindi ad una negazione dell'altro come emittente, mancandone del tutto il riconoscimento. Spesso in questi casi uno dei due partner si comporta normalmente con gli altri ma in questa relazione è frustrato e si depersonalizza; è una follia che ambedue alimentano, in maniera complementare, dai due lati, con la rottura che arriva perché si annulla il *feedback*, con una compromissione della relazione peggiore che nei casi di conflitti nelle relazioni simmetriche. La complementarietà patologica si definisce rigida: i comunicanti permangono nelle posizioni *one-up* e *one-down* in modo statico, senza possibilità di alternarsi. In questo contesto, solo e sempre uno dei due avrà diritto di parlare dell'altro, mentre quest'ultimo non avrà diritto di fare commenti (o non verranno presi in considerazione).

Paradossi e giochi senza fine

Arriviamo alla parte più interessante della comunicazione: il paradosso. Nella contraddizione, vengono passati messaggi discordanti e l'interlocutore ne sceglie uno dei due, quello che considera "il male minore" (se passo i messaggi "fermati" e "non fermarti" comunque si sceglierà quale ignorare e quale no). Nel paradosso, invece, non c'è scelta: senza uscire dal sistema, senza salire di livello e decidendo di metacomunicare, non c'è via d'uscita (se io dico "io sto mentendo" , "sii spontaneo" o "ignora questo messaggio" in ogni modo si darà sia veridicità sia falsità al comportamento di reazione). Col paradosso si vanno a creare dei doppi legami tra vittima e carnefice; tipicamente la vittima viene punita qualora abbia delle percezioni corrette e viene imputata di follia se intuisce la discrepanza. Vi sono poi delle situazioni di cosiddette *predizioni paradossali* (l'esempio classico è quello del professore che annuncia un esame a sorpresa nella settimana successiva*), dove le persone più impulsive non cadono perché tendono ad essere dirette, a non applicare il ragionamento ma dare seguito immediato alla parte emotiva, intuitiva (nell'esempio, si prepareranno per il compito); chi è più logico, più razionale, rischia di cadere in questo paradosso dove il ragionamento alimenta un nuovo ragionamento e via all'infinito creando la paralisi (nell'esempio, crederanno che il compito non si disputi mai): si esce da questa situazione solo con la fiducia. Il mondo sarebbe fermo se di base, nelle relazioni umane, non ci fosse una predisposizione alla fiducia anziché alla diffidenza. Ma torniamo alle ingiunzioni paradossali (un esempio classico: il barbiere è un soldato cui viene ordinato di radere tutti i soldati della compagnia che non si radono da soli, ma nessun altro**), quelle dove si crea un'illusione di alternative ma in realtà non vi è scelta se non si esce dagli schemi. Un altro esempio, che introduce quelli definiti come giochi senza fine, è quello di due persone che decidono che da quel momento in poi diranno sempre il contrario di quello che vogliono dire: avviato il gioco, non vi è uscita se non tramite la separazione, la morte di uno dei due o (ove applicabile) l'intervento di una persona terza. Questi giochi sono molto più diffusi di quanto si possa pensare.

* *il paradosso dell'esame a sorpresa, derivazione del più noto paradosso dell'impiccagione imprevedibile di cui ne segue il medesimo schema, si può riassumere come segue: "Un insegnante disse alla classe che un giorno della settimana successiva ci sarebbe*

stato un esame e che sarebbe stato a sorpresa. Mentre taluni studenti studiarono per prepararsi, altri sostennero che l'esame non ci sarebbe mai stato. Dissero che l'esame non sarebbe potuto avvenire di sabato perché, trascorso il venerdì, lo avrebbero capito; ma, a questo punto, neanche di venerdì perché il giovedì lo avrebbero capito; e così a ritroso per lo stesso motivo non sarebbe potuto avvenire nessuno dei giorni precedenti. Quindi, sostennero, l'esame non si sarebbe mai tenuto. Il lunedì si tenne l'esame e fu inatteso, specie per chi non studiò!"

**il paradosso del barbiere, la cui formulazione avviene in un villaggio o in una compagnia di soldati, è un derivazione del paradosso di Russell ed è enunciata pressoché così: "In un villaggio vi è un solo barbiere che rade tutti e solo gli uomini del villaggio che non si radono da soli. Chi rade il barbiere?". Se il barbiere si radesse da solo, verrebbe contraddetta la premessa secondo cui il barbiere rade solo gli uomini che non si radono da soli; se invece il barbiere non si radesse autonomamente, allora dovrebbe essere rasato dal barbiere, che però è lui stesso!

Regole pratiche di comunicazione pragmatica

Regole base - Vademecum per una comunicazione pragmatica

La strategia comunicativa migliore dapprima individua ed evita le cose certamente fallimentari, quindi persuade l'altro attraverso le sue stesse argomentazioni: è necessario dargli ragione dal suo punto di vista e accompagnarlo verso una visione alternativa. Questo primo *set di regole* è di per sé sufficiente per poter ottimizzare la propria comunicazione:

- **Cosa non fare**: non puntualizzare, non precisare, non giustificarsi ("avrei voluto fare diversamente ma..."), non biasimare (neanche nella forma "sì, ma.."), non recriminare (in particolare evitare il "te l'avevo detto"), non rinfacciare (né, al presente, passare il messaggio "lo faccio solo per te"), non predicare (né farlo indirettamente, dicendo "lascia, faccio io"). Ricordare che l'intenzione non conta (indicibile), neanche la verità, il giusto contano (soggettivi). È del tutto inutile partire dalle proprie idee.

- **Seguire un rituale:** Il rituale parla un linguaggio accessibile all'emisfero dei sensi. Bisogna dialogare costruttivamente, attraverso pochi semplici passi ma importanti da seguire:

  - domandare (piuttosto che affermare o proporre); non domande aperte ma strategiche, non provocatorie ma paradossali, devono avere due alternative poiché *le domande dell'uomo saggio contengono già la metà delle risposte (Ralph Waldo Emerson)*, una meno conflittuale (che contiene il messaggio *help me*, invoca alla collaborazione, all'adozione della tattica *win-win*), l'altra di rottura (che lascerebbe all'altro la responsabilità di disintegrare il rapporto); domandare serve a capire l'altro, serve a congiungersi, non a contrapporsi; chi domanda guida ma l'altro, rispondendo, sente di essere lui a guidare e ti segue scoprendo la tua verità e autopersuadendosi di questa;

- parafrasare le risposte, verificare (non sentenziare); serve per ancorare un risultato dopo alcune domande, si condivide l'accordo raggiunto sull'argomento (usare formule del tipo "correggimi se sbaglio / interrompimi pure in caso di inesattezze / capisco quello che dici" seguito da " da quanto hai detto mi sembra che / tu pensi che" ed eventualmente da "io sto pensando che", riformulando anche il non verbale se necessario, del tipo "io avverto che"); entra in gioco un altro *bias* denominato *testing effect*, cioè quello di ricordare maggiormente le informazioni sottoposte frequentemente a verifica;
  - aggiungere un'evocazione finale alla verifica; non spiegare ma toccare le emozioni per far sentire con i sensi (prima noi percepiamo con le emozioni, poi comprendiamo con la ragione); usare linguaggio chiaro e semplice ma elegante e significativo, bello da ascoltare, usando metafore ma non troppo articolate, né paradossi, né doppi sensi;

- orientare all'azione (a seguito di un riassunto condiviso dell'accaduto); non basta capire, si deve agire; agire piuttosto che pensare, condividere il piano d'azione.

Nel fare tutto questo, bisogna essere pragmatici: concentrarsi sugli effetti, non sulle cause e dialogare sul presente (*in primis*) e sul futuro, non sul passato (che tanto non cambia).

Approfondimento - Regole aggiuntive

Queste regole aggiungono dettaglio alle precedenti per chi vuole maggiormente raffinare la propria comunicazione:

- **Orientamento al prossimo:** lo sforzo maggiore da compiersi non è chiedersi "cosa voglio dire all'altro?" ma "cosa vuole sentire l'altro?"; saper ascoltare; domandare. Usare il "noi" per creare coinvolgimento; cercare consenso nell'altro; motivare, stimolare, essere attraenti.

- **Usare un linguaggio semplice:** parlare come se si fosse di fronte a un bambino di 11 anni ma con il rispetto per un anziano di 70. Il linguaggio dev'essere semplice perché sia comprensibile a tutti (non tutti abbiamo la stessa preparazione) ma, nel contempo, educato e rispettoso, per non dire all'altro "tu non vali nulla".

- **Non giudicare il prossimo:** essere duri con i problemi ma morbidi con le persone; evitare pregiudizi, non dare giudizi sui valori e sui comportamenti dell'altro, fare un'analisi serena dei suoi bisogni.

- **Usare il paraverbale e il non verbale:** gesticolare (senza esagerare) quando si parla, guardare direttamente in faccia le persone, evitare di giocare con i capelli, grattarsi, mangiare le unghie, giochicchiare con la penna, etc.; usare il silenzio (le pause possono dare maggiore forza alle parole che seguono, permettono di riflettere, consentono all'interlocutore di esprimersi oppure possono mostrare imbarazzo).

- **Calma e positività:** è importante presentarsi sempre di buon umore e mantenere la massima calma nell'affrontare le situazioni; essere autentici, non dire agli altri proprie preoccupazioni, crucci o altre informazioni sulle quali si è noi stessi perplessi. Essere positivi, essere entusiasti; lasciar passare, lasciar perdere le cose negative.

- **Concreti e preparati**: ripetere anche 3-4 volte i concetti essenziali (ricordiamo il *bias testing effect*); restare concreti, specie alla fine di un dialogo; essere d'esempio; essere preparati.

- **Risolvere i conflitti**: tra i vari comportamenti possibili, identifichiamo quelli perdenti come la fuga (scanso la decisione ma la situazione rimane immutata, *lose-lose*), la lotta (attacco per vincere, quindi qualcuno perde, *win-lose*), la rinuncia (abbandono la mia posizione, risolvendo ma perdendo, *lose-win*), il declinare/delegare la responsabilità (sposto la gestione altrove con tutte le possibili uscite che stiamo analizzando, nel caso peggiore anche *lose-lose*), il compromesso (sostenibile da ambo le parti, ma non è percepito come il risultato migliore, *win-lose/win-lose*); vincente è il trovare consensi (raggiungere insieme una nuova soluzione che plachi il conflitto, nessuno cede perché insieme si cerca la terza via, a differenza del compromesso qui ambo le parti vivono una situazione *win-win*).

- **Predisposizione alla fiducia**: come più volte detto, la fiducia è il motore dell'umanità. Un mondo di diffidenti sarebbe in paralisi. La fiducia è quella che ci fa attraversare la strada quando il semaforo è verde, perché gli altri rispetteranno il codice della strada; è quella che ci fa bere un caffé al bar, perché non ci sarà del veleno dentro. È utile, quindi, perseguire questo approccio perché il suo opposto, se portato all'estremo, è quello che non ci farebbe uscire di casa né ci consentirebbe di starci dentro. La diffidenza non solo è paralisi ma è un approccio ricorsivamente fallimentare, dove qualsiasi situazione potrebbe esser messa in discussione e negata impedendoci l'esistenza stessa. È con la fiducia che ci muoviamo e che, nel rapporto con l'altro, ci permette di trasmettere positività e conferma di sé del prossimo.

- **L'importanza del *feedback***: è fondamentale saper ascoltare e saper introdurre empatia, stando attenti al *feedback* ricevuto dall'interlocutore: mai iniziare una reazione con "no!" (negativo-distruttivo), né con "no, perché.." (negativo-costruttivo), né con "si, ma.." (positivo-distruttivo); esso dev'essere sempre nella forma "si, e ..." (positivo-costruttivo).

- **Usare i paradossi:** uno degli errori classici è quello di voler far comportare l'altro diversamente e la strategia è, si sa, pressoché sempre perdente. Il paradosso è quello di non forzarlo, di, anzi, incentivarlo a comportarsi esattamente come si comporta. Preferire l'auto-descrizione del sintomo (che spesso porta il soggetto ad auto-riconoscerne i limiti) alla prescrizione dello stesso, preferire il messaggio "continua a fare" (ingiunzione paradossale) al "non fare" (imposizione rifiutata e alimentante il comportamento indesiderato). Bisogna sfruttare la situazione che fa diventare pazze le persone per farle rinsavire, ecco come: anzitutto vi deve essere una relazione forte tra le persone coinvolte (data dall'affetto, dal ruolo o altro, non importa); ponendosi in una delle relazioni possibili (simmetrica, complementare *one-up* o complementare *one-down*, spesso quest'ultima è la più efficace) è quindi necessario rafforzare il comportamento che ci si aspetta che cambi (ecco il paradosso) ponendo così un'ingiunzione paradossale, non lasciando scappatoie. Si porta l'altro alla soluzione, a decidere autonomamente di cambiare. Tra i "trucchi" applicabili: l'uso dell'inconscio (io ti dico qualcosa che non cogli perché arriva dal tuo inconscio; se tu parli del tuo inconscio non puoi, sennò non sarebbe tale); l'uso dello *humor* (affermi una realtà sconfessata dallo *humor*, l'affermazione diventa sia reale che irreale; lo *humor*, inoltre, sfrutta un altro *bias* denominato *humor effect*: i processi cognitivi della nostra mente ricordano maggiormente questi eventi a causa dell'attivazione emozionale); usare la creatività in un processo mentale noto come biassociazione, ossia la percezione di un'idea tra due schemi coerenti ma incompatibili (es.: uso di metafore). Trucco finale per uscire da una situazione difficile? A fronte di un ragionamento logico e complesso che porta alle conclusioni sbagliate, rispondere qualcosa del tipo "questo è un altro lato della questione: in te sono stati mescolati degli aspetti diversi e ciò è assai sospetto" ponendo l'interlocutore dentro l'ennesimo paradosso.

Sfruttare la mente umana: toccare i sensi

Queste regole, che in parte riprendono e acuiscono l'applicazione di concetti precedentemente espressi, sono maggiormente orientate a casi più estremi ma adattabili anche ad altri contesti:

- **Impiego di forme linguistiche dell'emisfero sensoriale:** giochi di parole; motti di spirito; forme linguistiche immaginose (immagini, evocazioni, metafore, citazioni); utilizzo del paraverbale (ritmo lento, monotono); linguaggio ipnotico e poetico, rime, somiglianze fonetiche, forme positive, forme simmetriche, utilizzo di un particolare per significare il tutto; allusioni, sottintesi, eufemismi.

- **Blocco dell'emisfero razionale:**

  - **tecnica della confusione**: fornire un numero elevato di informazioni confuse e disomogenee tale da produrre un sovraccarico dell'emisfero razionale ed aprire l'accesso a quello dei sensi;

  - **prescrivere il sintomo**: chiedere all'altro, di prodigarsi nel fare qualcosa che acuisce il comportamento indesiderato, creando così un doppio legame dal quale il soggetto può uscire solo contraddicendo la propria visione. Il doppio legame consiste nel fatto che, o non cambia e continua a soffrire o, per cambiare, deve acuire la sofferenza: la soluzione diventa il problema, di fronte a questo paradosso non c'è via di uscita se non quella di rompere la vecchia visione e adottarne un'altra, più produttiva;

  - **spostamento dei sintomi**: simile alla precedente, si chiede ad esempio al soggetto di adottare il comportamento indesiderato in determinate ore del giorno, questo dà al soggetto la percezione di controllabilità del comportamento: anche se il problema rimane, diventa controllabile. Non è detto, anzi non è opportuno, che il soggetto cambi completamente, secondo il principio del *residuo irrisolto* bisogna far intendere che una parte, seppur piccola, del problema rimarrà insoluta, per togliere l'illusione della completa risoluzione e dare fiducia all'altro nella propria autonomia e capacità di superare da sé il problema;

- **illusione delle alternative**: proporre due alternative che sembrano tali ma in realtà obbligano verso un'unica direzione: "vuole venire a capo del problema fra due settimane o fare una pausa e prendersi un tempo più lungo?" il presupposto è che il problema sarà risolto, si fa un passo in avanti verso l'accettazione del cambiamento;

- **ristrutturazioni**: dare un significato diverso, ma sempre centrato sulla visione del soggetto e trasmesso nel suo linguaggio; per questo il diverso significato è accettato ma rende visibili prospettive diverse e rompe l'illusione della esaustività della visione adottata dal soggetto. Ad esempio si prescrive al bambino che si succhia il pollice di succhiarsi in egual misura tutte le altre dita o allo studente svogliato di studiare solo in una fascia oraria stabilita dallo studente stesso e assolutamente non dovrà farlo al di fuori di quella fascia. La ristrutturazione provoca, nella visione del soggetto, la necessità di respingerla, ed è proprio il provocare questa necessità il fine ultimo. Se semplicemente si dicesse al soggetto di non comportarsi in un certo modo le probabilità di successo sarebbero pressoché nulle poiché ogni argomentazione non scalfirebbe la sua visione, anzi l'ingiunzione verrebbe fermamente respinta e la visione rafforzata;

- **Prescrizioni di comportamento specifiche:** uno dei modi per indurre il cambiamento è quello di generare o illuminare il soggetto su fatti che non possono essere integrati nella sua visione richiedendo così una modifica parziale della stessa. La tecnica che induce il cambiamento è quella di provocare attivamente questi eventi attraverso la prescrizione di comportamenti. Questa diventa quindi una terza via di accesso all'emisfero sei sensi e alla visione che si è dato.

- **Vincere le resistenze dell'altro:**

  - **adottare il linguaggio del prossimo:** comprendere le aspettative, le speranze le paure, i pregiudizi del soggetto, il suo canale percettivo preferito per porre le premesse di un accordo e porsi nella sua visione;

  - **utilizzare la sua resistenza:** interpretare ogni insuccesso e resistenza come prova del successo e, come detto precedentemente, utilizzare e provocare la resistenza portando all'estremo le conseguenze della visione del soggetto in modo che sia egli stesso obbligato a rifiutarla o, quanto meno, a modificarla. Ad esempio, al soggetto che si lamenta in quanto non nota miglioramenti, pur presenti, si prescrive di non menzionare mai i progressi ottenuti ma di affermare che nulla è cambiato. Quando il soggetto dirà di non migliorare lo si loda per il progresso e la collaborazione;

- **ricorrere alle anticipazioni:** anticipare quel che l'altro potrebbe dire o un suo atteggiamento positivo per niente scontato: "lo troverà insensato ma si potrebbe ...", "So che le piacerà..."; la prescrizione deve essere facile da eseguire ed espressa con tono "giusto", ripetitivo, monotono, circostanziato, con lentezza e chiarezza, come farebbe un ipnotizzatore.

Conclusioni

Strategie comunicative e spontaneità

Qualcuno penserà che avere una strategia comunicativa pragmatica sia manipolatorio, sia togliere spontaneità: al contrario, serve a trovare con l'altro un punto d'incontro ed è persuasorio, certo, ma perché non esiste comunicazione che non influenzi l'altro; non esiste spontaneità, tutto si influenza e si automatizza col tempo. È uno strumento, non è sbagliato, il giudizio di valore dipende dall'uso che se ne fa (pensiamo alla comunicazione dei regimi e dei loro partiti come quelli nazista o sovietico o quello di 1984 di G.Orwell). Si deve scegliere, quindi, se usare questo strumento in maniera malefica o se orientarlo al dialogo. E ricordare che l'*intelligenza non è non commettere errori, ma scoprire subito il modo di trarne profitto. (Bertolt Brecht)*

Conoscere se stessi tramite il prossimo

Dialogare costruttivamente serve a migliorare se stessi e, di conseguenza, gli altri. Ma se gli altri, se il mio partner sta bene, lui fa stare bene me: quindi, per avere bisogna cominciare col dare. Questo metodo ci pone sempre nella condizione di considerare la prospettiva dell'altro come ragionevole, quindi ad aumentare la nostra tolleranza e il nostro rispetto per il prossimo. Inoltre, ci fa percorrere prospettive diverse, aumentando la nostra elasticità mentale; ci fa essere più morbidi col prossimo, aiutandoci a controllare gli impulsi; ci rende evocativi, accrescendo la nostra creatività. Insomma, ci permette di relazionarci meglio con l'altro, quindi anche con noi stessi. Di capire meglio l'altro, quindi anche noi stessi. Di stare meglio, e di poter avere una relazione positiva anche con se stessi, con la vita, con l'esistenza.

Esistenzialismo: comunicare è vivere

L'uomo è nel mondo come risultato delle sue scelte, è il significato che egli da alle informazioni che riceve: deriva una propria visione del mondo, dell'esistenza. Come diceva Claude Bernard, *la stabilità del medium interno è la condizione per l'esistenza della vita libera*.

Come abbiamo visto nella comunicazione, la regola per la quale un sistema non si può definire dentro se stesso è ancora applicabile anche quando parliamo di esistenzialismo: allora l'uomo non è in grado di andare oltre i limiti stabiliti dalla propria mente, poiché è egli stesso soggetto e oggetto, è la mente che studia se stessa e ogni asserzione che faccia incorre nello stesso fenomeno di riflessività che genera il paradosso. Ricordiamo come sarebbe necessario salire di un livello e farlo tramite una persona terza ma in questo caso non esiste, non esiste una posizione oggettiva, quindi non esiste risposta.

Il rapporto che l'uomo ha con la vita è ampio, complesso e personale e non esiste esterno che possa guidarlo. Alla fine si è soli con se stessi, con l'ambiente che ci circonda, e qui bisogna imparare a relazionarsi, a comunicare, allo scopo di vivere meglio o, talvolta, semplicemente di sopravvivere. Perché se la relazione con se stessi, con la propria visione del mondo, con lo scopo della vita, si incrina, come nei giochi senza fine esistono solo delle limitate possibilità d'uscita, ed escludendo la possibilità di un intervento terzo e considerando l'impossibilità di scappare da se stessi, si collassa in un'unica via d'uscita: il suicidio.

L'esistenza è una funzione della relazione tra l'uomo e l'ambiente e in questa relazione il mondo esterno ci innonda di messaggi che l'uomo può cogliere e decodificare. La vita (o realtà, natura, Dio, etc.) è un partner dell'uomo che accettiamo o respingiamo, da cui ci sentiamo accettati o respinti; l'uomo propone un sé che poi trova conferma, negazione o disconferma e l'uomo cerca i segni per capire la natura della loro relazione. Col tempo l'uomo impara e impara ad imparare. L'uomo accetta e sa gestire la comunicazione e i cambiamenti che questa provoca sia al primo livello (informazione contenuta nella comunicazione - in un esempio, se una persona preme il grilletto di una pistola puntata verso di me per uccidermi, sono quegli input relativi all'atto di sparare, al tipo di pistola, etc.) sia a secondo livello (che valuta la comunicazione stessa, la rapporta alla relazione - nell'esempio colgo il disprezzo per me, il non rispetto per la mia vita, etc.) ma entra in crisi al terzo livello, la valutazione del secondo livello, della relazione; terzo livello nel quale è contenuto lo scopo delle relazioni, quindi dell'esistenza, della vita (nell'esempio, se vengo ucciso per nessun motivo o per una banalità diventa intollerabile poiché rompe il mio concetto di esistenza, il mio rapporto con la vita e il suo significato, al contrario di chi muore martire per un ideale). Chi ha un perché per vivere quasi sempre sopporterà come vivere ma l'uomo sembra indifeso di fronte alle minacce delle sue premesse di terz'ordine. Dolore, malattia, perdita, fallimento, disperazione, delusione, paura di morire, noia portano ad avere la sensazione che la vita sia priva di significato. L'angoscia esistenziale è la discrepanza dolorosa tra ciò che è e ciò che dovrebbe essere, tra le proprie percezioni e le proprie premesse di terz'ordine. Ma per cambiare quest'ordine, sarebbe necessario salire d'un ulteriore livello, compiere un passaggio praticamente impossibile con consapevolezza alla mente umana, forse fattibile solo per mezzo delle intuizioni o attraverso l'uso di droghe. Ma solo qui si vede che la realtà non è qualcosa di oggettivo, di buono o di sinistro, ma è costituita dall'esperienza soggettiva che ci facciamo dell'esistenza, dalle nostre intenzioni e dai nostri scopi, è il nostro modellare qualcosa che l'uomo non può sottoporre a nessuna verifica oggettiva. Ciò che non possiamo pensare non lo possiamo pensare; nemmeno dunque possiamo dire ciò che non possiamo pensare. Noi dunque siamo limitati e al tempo stesso senza limiti. Noi siamo il nostro mondo. La soluzione all'enigma della vita è al di fuori, quindi da dentro questo schema non si può porre la domanda. Quindi non c'è alcun enigma. Il problema della vita, dell'esistenza è inesprimibile. È, dunque, qualcosa di mistico, è qualcosa che va oltre il pensiero logico-discorsivo e quindi difficilmente comunicabile. Ecco che, in quest'ambito, le risposte che ciascuno cerca di darsi, attraverso Dio, attraverso l'ateismo o altre forme, sono tutte dignitose ma indicibili, vere e non vere allo stesso tempo, soggettive e non provabili né rifiutabili. È il paradosso dell'esistenza umana. Ed è per questo che la risposta, qualsiasi essa sia, consiste in un atto di fede. E la fede, la fiducia, l'abbiamo già detto, è il motore dell'umanità. È quello che ci fa muovere, è quello che ci da una motivazione, è la risposta alla domanda "a quale scopo?" che, ignorando il perché, ignorando le cause, ci mette di fronte all'utilità della nostra esistenza e ci permette di migliorare pragmaticamente la nostra relazione con essa.

www.ingramcontent.com/pod-product-compliance
Lightning Source LLC
Chambersburg PA
CBHW070321290526
45791CB00003B/1204